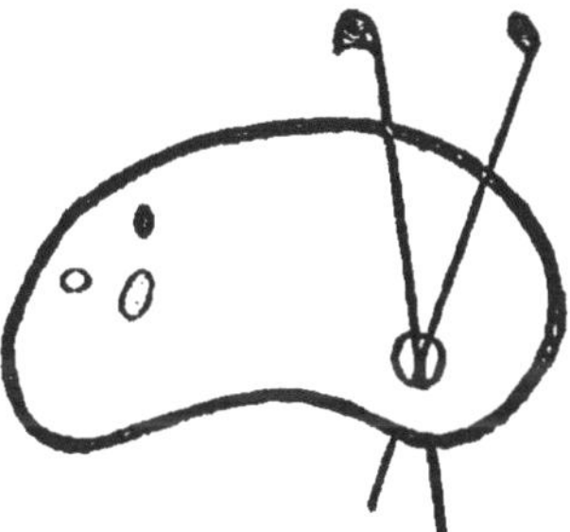

AF473414

NOTES

SUR

UN VOYAGE EN ÉGYPTE,

PAR

FRANÇOIS LENORMANT,

SOUS-BIBLIOTHÉCAIRE DE L'INSTITUT.

SECONDE PARTIE.

PARIS,
GAUTHIER-VILLARS, IMPRIMEUR-LIBRAIRE
DES COMPTES RENDUS DES SÉANCES DE L'ACADÉMIE DES SCIENCES,
SUCCESSEUR DE MALLET-BACHELIER,
Quai des Augustins, 55.

1870

PARIS. — IMPRIMERIE DE GAUTHIER-VILLARS,
Rue de Seine-Saint-Germain, 10, près l'Institut.

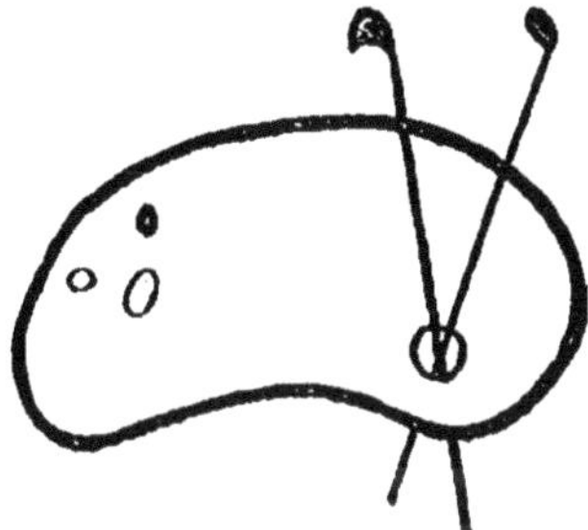

SUR

LES ANIMAUX EMPLOYÉS

PAR LES ANCIENS ÉGYPTIENS

A LA CHASSE ET A LA GUERRE,

PAR M. FR. LENORMANT.

« Dans les solennelles et douloureuses circonstances que nous traversons, il est doux, lorsqu'on dépose le fusil du volontaire et qu'on rentre se reposer quelques heures à son foyer, de chercher dans la science une distraction puissante, un moyen d'échapper temporairement aux poignantes angoisses du siége. C'est la raison qui m'engage à reprendre aujourd'hui, au bruit du canon prussien, la série d'études de zoologie historique sur les animaux domestiques des anciens Égyptiens, dont l'Académie a daigné accueillir avec tant de bienveillance il y a quelques mois les premières ébauches et à lui soumettre de nouveau quelques essais du même genre.

» Le dressage de certains animaux dont l'homme utilise les aptitudes spéciales pour en faire ses auxiliaires de chasse est un art que des peuples encore à peine entrés dans la voie de la vie policée ont pratiqué de bonne heure. C'est un premier degré de domestication encore très-imparfait, et qui, le plus souvent, n'arrive jamais à être complet. A part le chien, dont les diverses variétés se rattachent peut-être à des espèces différentes à l'origine et domestiquées dans des contrées distinctes, mais qui paraît bien, d'après les découvertes de l'archéologie préhistorique, avoir été le premier compagnon que l'homme ait attaché à son service; la plupart des animaux dont les différents peuples, plus ou moins avancés dans la civilisation, se sont appliqués à employer le concours dans leurs chasses, n'ont été amenés qu'à un état fort imparfait de domesticité. Ils sont restés pour le chasseur

L.

plutôt des associés d'un caractère très-indépendant et presque volontaire que de véritables et dociles serviteurs.

« Les tribus encore si sauvages qui ont laissé des vestiges de leurs festins grossiers dans les *Kjækkenmøddinger* du nord de l'Europe avaient déjà des chiens qui vivaient avec elles, les aidaient dans leurs chasses sur les oiseaux du bord de la mer et se nourrissaient des reliefs de leurs repas. C'était le seul animal domestique de ces peuplades pour qui la vie pastorale elle-même n'existait pas encore. Aussi n'a-t-on pas lieu d'être surpris, dans un centre de civilisation aussi antique que l'Égypte, de voir au plus haut que les monuments nous fassent remonter, c'est-à-dire quarante siècles au moins avant l'ère chrétienne, le chien à l'état de l'animal domestique par excellence, remplissant déjà, comme encore aujourd'hui, le rôle de l'hôte habituel et favori de la maison, du compagnon constant du chasseur et du berger. Ce serait le contraire qui devrait étonner.

« Non-seulement les Égyptiens, dès les âges les plus antiques de leur civilisation, possédaient et utilisaient le chien, mais ceux de leurs monuments qui remontent aux dates les plus prodigieusement reculées nous offrent les images parfaitement caractérisées de plusieurs variétés de chiens très-distinctes, utilisées dès lors à des fonctions différentes et produites par un élevage savant en vue de ces fonctions mêmes. La plupart des variétés de chien représentées ainsi dans les bas-reliefs des tombeaux égyptiens subsistent encore aujourd'hui dans le pays ou dans les contrées voisines.

« Ce sont : 1° Le chien-renard à la robe fauve, au museau effilé, aux oreilles pointues, à la queue épaisse, qui se retrouve identique à bien des siècles de distance dans le chien des bazars du Caire et des autres villes de l'Égypte contemporaine. Il figure sur les monuments de toutes les époques, depuis les âges les plus reculés de l'Ancien Empire. Dans les scènes de la vie quotidienne retracées sur les parois des tombeaux, il joue le rôle de gardien de la maison et des troupeaux, de compagnon du maître ou de ses colons, mais on ne le voit jamais employé à la chasse, pas plus que ne le sont aujourd'hui ses descendants, trop paresseux pour cet exercice. C'est cette variété de chien dont on trouve des momies dans plusieurs des nécropoles antiques. C'est elle en effet qui, avec le chacal, était l'animal sacré du dieu Anubis, le gardien des sépultures et l'une des divinités principales du monde des morts. Les archéologues modernes ont l'habitude de qualifier de *tête de chacal* la tête d'Anubis dans les images du symbolisme religieux des bords du Nil. Pour les Grecs et les Romains il était un dieu à *tête de chien, latrator Anubis*. Et en effet, la tête du chacal et celle du chien-renard de l'Égypte ne présentent pas de différences assez caractéristiques pour que l'on puisse se prononcer à ce sujet d'une manière tout à fait affirmative, les deux animaux étant également consacrés au même dieu.

« 2° A partir de la XIIe dynastie (environ 3000 ans avant notre ère), c'est-à-dire à partir du moment où les Égyptiens étendirent leur domination d'une manière stable sur le pays de *Kousch* ou les contrées du Haut-Nil au-dessus de la seconde cataracte, nous voyons apparaître sur les monuments, à côté de ce chien, qui est celui qui appartient à l'Égypte d'une manière toute spéciale, et remplir les mêmes offices à la maison et aux champs, le chien de Dongolah, dont la tête est la même, mais dont la taille est plus petite, les formes plus élancées, les allures plus vives, la robe d'un rouge brun. Ce chien est encore aujourd'hui celui qu'on rencontre le plus habituellement dans les villages de Nubie. Ehrenberg (*Icones et descriptiones mammalium*, dec. 2) lui assigne pour souche une espèce sauvage particulière des mêmes contrées, qu'il a nommée *Canis sabbar*.

« 3° Le chien de chasse de l'Ancien Empire, figuré mille fois sur les monuments avec cette exactitude si remarquable que les artistes égyptiens apportaient à la représentation des animaux, est le *slougui* ou grand lévrier du Nord de l'Afrique, assez différent du lévrier de Syrie et caractérisé par des oreilles larges et droites, dont la race antique s'est conservée jusqu'à nos jours avec une pureté toute particulière chez les agriculteurs et les nomades du Soudan égyptien. Les bas-reliefs des tombes des dynasties primitives, autour de Memphis, le montrent toujours tenu en laisse par des valets de chasse ou lancé dans la campagne, poursuivant les antilopes du désert et les bouquetins, attaquant même des animaux plus redoutables, comme la hyène et le chien hyénoïde (*Canis pictus*). Pendant toute cette époque, il est le seul chien employé à de semblables usages. Plus tard, et tant que les monuments nous fournissent des renseignements, c'est-à-dire jusqu'à l'époque grecque et romaine, la race se maintient sans altération. Mais dans les temps postérieurs de l'indépendance égyptienne, elle n'est plus seule en usage. A dater de la XIIe dynastie, elle est associée à une autre variété, qui paraît provenir d'une importation étrangère et que nous voyons pour la première fois dans les peintures des célèbres tombeaux de Béni-Hassan-el-Qadim.

« 4° Celle-ci est un grand chien-courant de haute taille, aux formes élancées, aux oreilles pendantes, à la tête semblable à celle du *fox-hound* anglais, à la robe variée de blanc et de noir ou de blanc et de brun rouge. Introduit sous la XIIe dynastie, ce chien devient surtout en usage avec la XVIIIe, sous le Nouvel Empire. Il est alors l'animal favori des veneurs égyptiens et supplante, presque entièrement dans leurs exercices, le lévrier des époques plus anciennes. C'est ce chien-courant que nous trouvons de beaucoup, le plus habituellement représenté dans les scènes de chasse des tombeaux de Gournah, décorés sous les dynasties thébaines du Nouvel Empire. Je citerai, comme un des exemples où les caractères propres s'en reconnaissent le mieux, la belle peinture publiée par sir Gardner Wilkinson (*Manners and customs of ancient Egyptians*, 3e édition, t. III, p. 22), où des chiens-courants attaquent des troupeaux d'antilopes parmi lesquelles on distingue la gazelle, l'algazelle, le *Damalis Senegalensis*, H. Smith (qui s'étendait dans l'antiquité jusque dans les déserts touchant à l'Égypte, ainsi que j'ai eu l'occasion de le remarquer dans une précédente Communication), en même temps que le bouquetin du Sinaï et du désert Arabique, le chacal, le lièvre d'Égypte, l'hyène et l'autruche.

» 5° Une dernière variété de chien se montre encore sur les monuments égyptiens, mais exclusivement à l'époque de la XIIe dynastie; car on n'en voit des traces ni avant, ni après. D'où il faut conclure que c'était sans doute une race étrangère, importée alors par le commerce, on ne sait d'où, et qui ne parvint pas à se naturaliser définitivement dans le pays. C'est une sorte de basset à jambes basses, de fort petite taille, dont le port est exactement celui du *turnspite* des Anglais, mais dont la tête, au museau effilé, aux oreilles droites et pointues, diffère absolument de celle de toutes nos variétés de bassets. La robe est sur le dos d'un brun rouge assez clair, nuancée de taches plus foncées; le ventre blanc. Je ne connais pas de race vivante analogue. C'était là le chien à la mode sous les Osortasen et les Amenemhé, 3000 ans environ avant l'ère chrétienne. Tous les morts de distinction de cette époque se font représenter dans leur tombeau ayant auprès d'eux leur basset favori. Mais il ne paraît pas que cette race ait jamais servi autrement que comme animal de luxe et d'agrément dans l'intérieur des maisons, car on ne le voit figurer ni dans les scènes de chasse, ni dans celles de la vie pastorale. »

(31 octobre 1870.)

GAUTHIER-VILLARS, IMPRIMEUR-LIBRAIRE DES COMPTES RENDUS DES SÉANCES DE L'ACADÉMIE DES SCIENCES.
Paris. — Rue de Seine-Saint-Germain, 10, près l'Institut.

Deuxième Note.

« Le chacal, qui paraît être la source d'une partie au moins de nos races de chiens, s'apprivoise aisément. On en rencontre encore aujourd'hui quelquefois chez les habitants de la Syrie, de l'Égypte et du nord de l'Afrique des individus qui, pris dans leur jeunesse, ont reçu une éducation domestique et sont, au même état que des chiens, les familiers de la maison. Il en était de même dans l'antique Égypte. Les tombes de l'Ancien Empire montrent à plusieurs reprises un chacal apprivoisé remplaçant le chien auprès du défunt ou se mêlant à ses chiens. Dans un des hypogées de Béni-Hassan (XIIe dynastie), un chacal ainsi dressé prend même part à la chasse. Mais ce sont toujours des exceptions, des faits d'élève individuelle, comme ceux que l'on observe de nos jours, et rien ne permet de supposer que, chez les anciens Égyptiens, le chacal, conservant ses traits caractéristiques d'espèce sauvage, ait été tenu habituellement dans un état de domesticité ou de semi-domesticité, et ait compté parmi les auxiliaires accoutumés des chasseurs.

» En revanche, une scène du beau tombeau de Ptah-hotep à Saqqarah (V[e] dynastie), publiée par M. Duemichen (*Resultate der Archæologisch-Photographischen Expedition*, première partie, *Pl.* IX), qui représente les valets de vénerie de la domesticité du défunt rentrant avec leur gibier, montre leur chef (qu'accompagne son nom propre, *Noum-hotep*) tenant en laisse à la fois, couplés et prêts à être lancés sur la piste, quatre lévriers et deux animaux du genre *Canis*, au port rapproché de celui de l'hyène, dans lesquels M. Hartmann (même ouvrage, p. 28) a reconnu, avec toute raison suivant nous, le chien hyénoïde (*Canis pictus*, Desmar.), le *kelb-el-sémech* des Arabes, le *simir* de l'Abyssinie. Cette représentation n'est pas isolée, car nous voyons encore des individus de la même espèce, tenus en laisse dans les

L.

bas-reliefs d'autres tombeaux de Saqqarah, dans ceux de *Noub-hotep* (IVe dynastie) (Lepsius, *Denkmæler*, abth. II, bl. 14), de *Ra-n-kéou* (IVe dynastie) (*Ibid.*, abth. II, bl. 15), et de *Aseskef-ankh* (V[e] dynastie) (*Ibid.*, abth. II, bl. 50). Les Égyptiens de l'Ancien Empire élevaient donc habituellement le chien hyénoïde pour l'employer au service de leurs chasses, et ils avaient su tirer parti des instincts et des aptitudes naturelles de cet animal. En effet, les voyageurs disent tous que le chien hyénoïde, à l'état de liberté, « se livre avec ardeur à la chasse des gazelles et des antilopes. » Dans ce cas, ajoutent-ils, plusieurs chiens hyénoïdes se réunissent en » meute et poursuivent leur gibier avec autant d'ordre et de persévérance » que nos meilleurs chiens-courants, et en plein jour. » Un peuple aussi observateur des mœurs des animaux et aussi habile à les plier au service que les Égyptiens, surtout ceux des époques primitives, ne pouvait manquer d'utiliser à son profit un instinct aussi remarquable chez un des animaux qui habitaient alors la zone déserte dans laquelle les terres cultivées de la vallée du Nil sont enserrées des deux côtés.

» Il n'est pas douteux en effet que les Égyptiens de l'Ancien Empire, à cette époque où leur civilisation devançait tellement celle des autres peuples et en même temps se répandait encore très-peu au dehors, où ils ne pensaient pas à entreprendre de conquêtes extérieures et où ils ne remontaient même pas sur les rives de leur fleuve plus haut que la deuxième cataracte, il n'est pas douteux, dis-je, qu'ils trouvaient le chien hyénoïde à l'état sauvage dans leurs environs immédiats et que c'est là qu'ils l'avaient pris pour en faire un de leurs serviteurs. Ainsi le même tombeau de *Ptah-hotep* qui nous montre le chien hyénoïde domestiqué et tenu en laisse par le veneur, le représente sur sa paroi opposée (Duemichen, *Resultate*, première partie, *Pl.* VIII) sauvage, vivant dans le désert au milieu des antilopes, et attaqué par les lévriers au milieu d'une de ces chasses qu'alors on ne menait pas encore bien loin. Après ces temps si reculés, ni sous le Moyen, ni sous le Nouvel Empire, on ne voit plus le même animal, même à l'état sauvage, figurer dans les scènes de chasse. Il avait probablement dès lors disparu dans le voisinage de l'Égypte, dans le rayon habituel des exploits de vénerie des grands personnages de l'empire des Pharaons. A l'époque romaine, Pomponius Méla (III, 9) et Solin (30), qui le décrivent très-exactement sous le nom de *lycaon*, le connaissent seulement dans l'Éthiopie de Méroé. Aujourd'hui on ne commence à rencontrer le chien hyénoïde qu'en Abyssinie, et de là il s'étend jusqu'au Cap. Comme beaucoup d'autres espèces africaines, il a reculé graduellement vers le sud.

« Le chien hyénoïde était si complétement domestiqué chez les Égyptiens de l'Ancien Empire qu'il se reproduisait dans la domesticité. Au tombeau de *Ptah-hotep*, un des deux animaux de cette espèce couplés pour la chasse est accompagné de son petit, comme un des lévriers que le même homme tient en laisse. C'est du reste un des animaux dont la présence à l'état domestique est exclusivement propre à la civilisation des dynasties primitives et disparaît plus tard, déjà même avant l'invasion des Pasteurs. Car dès la XIIe dynastie, quand le grand chien-courant commence à être employé dans les chasses égyptiennes, le chien hyénoïde cesse absolument d'y jouer un rôle. Il semble que l'introduction de la nouvelle variété de chien, sans doute préférée des veneurs, ait fait abandonner alors une élève qui présentait peut-être des difficultés plus grandes, à cause du caractère rebelle et sauvage du *Canis pictus*. »

(7 novembre 1870.)

GAUTHIER-VILLARS, IMPRIMEUR-LIBRAIRE DES COMPTES RENDUS DES SÉANCES DE L'ACADÉMIE DES SCIENCES,
Paris. — Rue de Seine-Saint-Germain, 10, près l'Institut.

Troisième Note.

« Le guépard (*Felis jubata*) n'est figuré sur les monuments ni de l'Ancien ni du Moyen Empire. C'est seulement avec le Nouvel Empire, lors des grandes conquêtes de la XVIIIe et de la XIXe dynastie, qu'il fait son apparition dans les sculptures pharaoniques. On voit alors fréquemment, parmi les bas-reliefs qui représentent les envoyés des populations nègres du Haut-Nil apportant leurs tributs aux monarques égyptiens, des guépards évidemment apprivoisés que l'on amène tenus en laisse avec des colliers plus ou moins richement ornementés (entre autres représentations, *voir* Duemichen, *Historischen Inschriften*, 2e série, *Pl. III*, *XVII* et *LXI*). Il est donc clair que dès cette époque les tribus de race noire qui peuplaient les bords du fleuve dans son cours supérieur avaient l'habitude de dresser le guépard au rôle d'auxiliaire de l'homme dans la chasse des antilopes, comme les Abyssins du Moyen-Age et encore aujourd'hui les Bedi M'Zab du Sahara algérien (sur l'emploi du guépard chez les populations africaines, *voir* Hartmann, *Zeitschr. d. Gesellsch. f. Erdkunde z. Berlin*, t. III, p. 57), ainsi que les Indiens. Mais en Égypte ces animaux, envoyés par les chefs des tribus comme présents de haut prix à leur suzerain de Thèbes, étaient sans doute réservés aux plaisirs princiers, car il ne semble pas qu'ils aient jamais été employés dans les chasses des simples particuliers, et on ne les voit point dans les scènes de vénerie des tombes privées.

» Une des variétés favorites du sport pour les Égyptiens de toutes les époques de l'antiquité, aussi bien sous le Nouvel Empire que sous les dynasties primitives, était la chasse aux oiseaux d'eau, principalement aux palmipèdes qui pullulaient dans le pays comme ils font encore aujourd'hui. Cette chasse avait lieu, non-seulement sur les lacs du Delta, certainement moins étendus alors dans la portion orientale qu'ils ne le sont maintenant, mais dans toutes les parties de l'Égypte, sur les canaux et les réservoirs d'irrigation (appelés *maou*) qui la coupaient en tous sens, et sur les marais (appelés *pehou*) qu'on réservait à l'élève du bétail. On la faisait de deux manières : ou bien avec un grand filet ou tirasse qui enfermait d'un seul coup une quantité considérable d'oiseaux, ou bien en atteignant l'animal au moment où il prenait son vol, par le jet d'un bâton court et légèrement courbé à son extrémité, pareil au *boumerang* des Australiens, instrument dont quelques échantillons sont parvenus jusqu'à nous en original (Prisse, *Choix de monuments égyptiens, Pl. XLVI*, n° 6). Ce dernier système était la vraie chasse à la mode parmi les gens de distinction, le divertissement national par excellence, et c'est par centaines que l'on compte les tombes de l'Ancien, du Moyen et du Nouvel Empire où le propriétaire de la sépulture s'est fait représenter se livrant à cet exercice. Il est debout, seul ou entouré de quelques personnes de sa famille, sur une de ces nacelles faites de tiges de papyrus réunies en faisceaux dont parlent tous les écrivains classiques. Celle-ci glisse sur les eaux au milieu des roseaux, d'où s'échappent les volatiles qu'arrête le bâton du chasseur ou qu'il va atteindre, car le plus souvent ce dernier s'apprête à le lancer.

» Très-fréquemment, dans les tableaux de ce genre, le chasseur est accompagné sur sa nacelle d'un chat favori. Mais cet animal n'est pas là seulement comme un simple et inutile familier, dont le maître n'a pas voulu se séparer en le laissant à la maison. Plusieurs peintures des tombeaux de Gournah (XVIIIe dynastie), une entre autres publiée par sir Gardner Wilkinson (*Manners and customs of ancient Egyptians*, 3e édition, t. III, p. 42), le montrent prenant une part active à la chasse et ne laissent pas de doutes sur le rôle qui lui y était assigné. Utilisant les instincts chasseurs du chat, les Égyptiens le dressaient pour servir de *retriever* dans ces occasions spéciales, pour lui faire saisir et rapporter les oiseaux assommés ou seulement étourdis par le choc du boumerang. C'est, je crois, le seul peuple qui en ait usé ainsi. On doit remarquer de plus que jamais aucune variété de chien n'est figurée comme remplissant le même rôle dans ces chasses aquatiques. Sans doute la souplesse des allures du chat l'avait fait regarder comme l'animal le plus propre à se lancer en pareil cas à la recherche du gibier, sautant légèrement de touffe en touffe de roseaux, sans s'embarrasser dans les herbes et sans s'embourber dans la vase, comme le chien n'aurait pas manqué de faire.

» Au reste, l'Égypte antique est certainement le berceau du chat comme animal domestique. Rien de plus connu que le rôle du chat dans la symbolique religieuse des Égyptiens. C'était l'animal sacré, la personnification vivante de la déesse *Pacht*, l'épouse de *Ptah*, le grand dieu de Memphis, spécialement sous sa forme de *Bast;* car, sous celle de *Pacht*, elle était représentée comme une lionne. De là ces images de chats sacrés en toutes matières où les artistes égyptiens ont souvent déployé un si grand talent d'imitation de la nature animale; de là ces catacombes dans plusieurs localités de l'Égypte antique, où l'on trouve par milliers des momies de chats soigneusement embaumés. On n'élevait pas seulement dans certains temples des chats auxquels on rendait les honneurs divins, comme celui dont le meurtre, par un soldat romain, occasionna la fameuse émeute que raconte Diodore de Sicile (I, 83). Le chat familier de chaque maison était revêtu d'un caractère sacré, et on l'entourait de soins particuliers; à sa mort, toute la famille prenait le deuil (Herodote, II, 66). C'est sans doute à une réaction contre les idées païennes qui s'attachaient à cet animal et le caractère qu'elles lui avaient fait attribuer, qu'il faut rapporter l'abandon presque complet du chat dans un pays où il avait été si multiplié. Car, dans les maisons de l'Égypte actuelle, on ne rencontre presque jamais cet animal; à sa place, pour se défendre contre les rats, on emploie des couleuvres familières qu'on a soin d'avoir dans toutes les habitations.

» En même temps, en effet, qu'ils avaient, comme je viens de le faire voir, des chats dressés pour la chasse aux oiseaux, les anciens Égyptiens élevaient surtout cet animal dans leurs maisons contre les rats. Aussi l'artiste qui a décoré le tombeau de *Noum-hotep* à Beni-Hassan-el-Qadim (XIIe dynastie), s'est-il amusé, en figurant une nombreuse série d'animaux, à représenter le rat (désigné par son nom *pennou*) en face du chat (*maou*), qui le guette (Champollion, *Monuments de l'Égypte et de la Nubie*, t. IV, *Pl. CCCCXXVIII*). Dans les caricatures du papyrus satyrique de Turin, les pompeux tableaux des victoires de *Ramsès III*, sculptés sur les murailles du palais de Médinet-Abou, sont parodiés en combats de rats et de chats (Lepsius, *Auswahl, Pl. XXIII*, A), et ce sont le Pharaon et ses soldats que le vieux caricaturiste thébain a figurés sous les traits des rats.

» Enfin le chat n'avait pas pour seule mission dans les habitations de l'Égypte antique celle de défendre des rats; il y servait aussi à détruire les serpents, qui se glissent si fréquemment dans les intérieurs de ce pays et peuvent y causer de graves accidents. Ce rôle, que l'animal avait souvent l'occasion d'exercer, a trouvé toute une série d'applications dans la symbolique religieuse de la mythologie pharaonique, parmi les emblèmes de la lutte de la divinité bienfaisante, lumineuse et solaire, contre les puissances ténébreuses et infernales, notion qui tient une place si capitale dans la religion de l'Égypte. Dans le chapitre XXXIII du grand livre mystique connu des érudits sous le nom de *Rituel funéraire*, la vignette représente le mort combattant dans l'autre hémisphère un *serpent*, ministre du principe infernal, et le texte qui s'y rapporte dit : « Il s'attaque à toi. Quand il sera » pour te dévorer, le *rat* ennemi du Soleil, tu invoqueras les ongles du » chat des mystères. » Ces expressions sont expliquées par un précieux passage du chapitre XVII du même *Rituel funéraire* (Lepsius, *Das Todtenbuch der Ægypter*, chap. XVII, col. 45-50; *Description de l'Égypte, Antiquités*, t. II, *Pl. LXXV*, col. 63-56; cf. de Rougé, *Revue archéologique*, nouv. sér., t. I, p. 338 et suiv.), qui jette un grand jour sur la symbolique du chat, du serpent et du rat, ainsi que sur l'échange des deux derniers emblèmes. « Je suis, y est-il dit, ce grand chat qui était à l'allée du perséa » dans An (Héliopolis), dans la nuit du grand combat; celui qui a gardé » les impies dans le jour où les ennemis du seigneur universel ont été écra- » sés. *Explication :* Le grand chat de l'allée du perséa dans An, c'est le » Soleil lui-même. On l'a nommé chat en paroles allégoriques; c'est d'a- » près ce qu'il a fait qu'on lui a donné le nom de chat. » La vignette qui accompagne ce passage montre un chat, assis au pied d'un arbre, tenant sous sa patte la tête d'un serpent. Dans un papyrus de Berlin (*Revue archéologique*, nouv. sér., t. I, p. 339) et dans un autre du Musée de Leyde, il tranche avec un sabre la tête du reptile. C'est la substitution d'une allégorie de fantaisie à la représentation symbolique fidèlement empruntée à la nature.

» En effet, une très-exacte observation des mœurs des animaux a présidé au choix de ces symboles. Le chat n'est pas moins habile à tuer les serpents que les rats; il donne avec plaisir la chasse à ces reptiles. En Syrie, j'ai vu et admiré fréquemment, lorsqu'un serpent pénétrait dans une maison, l'adresse avec laquelle le chat, évitant ses morsures, lui rompait les vertèbres cervicales d'un coup de patte sur la nuque, exactement comme le représente la vignette habituelle du chapitre XVII du *Rituel funéraire* des Égyptiens. »

(14 novembre 1870.)

GAUTHIER-VILLARS, IMPRIMEUR-LIBRAIRE DES COMPTES RENDUS DES SÉANCES DE L'ACADÉMIE DES SCIENCES.
Paris. — Rue de Seine-Saint-Germain, 10, près l'Institut.

Quatrième Note.

« Diodore de Sicile (I, 48), d'après Hécatée d'Abdère, en décrivant le grand monument de Thèbes auquel les exégètes à l'imagination fertile en légendes, qui montraient aux voyageurs grecs les édifices de l'Égypte, avaient donné le nom de Tombeau d'Osymandyas, parle avec détails des vastes bas-reliefs historiques qui en décoraient le péristyle d'entrée, suivant l'usage des Pharaons guerriers du Nouvel Empire. Il en signale entre autres un où l'on voyait « le roi combattant au premier rang quelques ennemis, » avec à ses côtés un lion qui l'aidait dans la bataille par une action ter- » rible. Des exégètes, ajoute-t-il, les uns disent que c'est un véritable lion » dressé à cet effet, élevé par le roi, qui partageait ses dangers dans les » combats et mettait les ennemis en fuite par sa vaillance; les autres pré- » tendent que cette image est emblématique et que le lion figure les dis- » positions de l'âme du roi sous un éloge flatteur, parce qu'il était au plus » haut degré vaillant et actif. »

» Malgré quelques inexactitudes depuis longtemps signalées dans les mesures que donne l'écrivain grec, le prétendu tombeau d'Osymandyas paraît bien être, comme l'avaient pensé les savants de notre grande expédition d'Égypte et Champollion après eux, le splendide édifice connu maintenant sous le nom plus exact du Ramesséion de Gournah. Mais on n'y voit plus le bas-relief signalé par Diodore. Suivant l'ingénieuse remarque de Champollion (*Lettres d'Égypte*, 2e édition, p. 238), il devait être sculpté sur le mur de fond du péristyle, depuis longtemps écroulé.

» En revanche, dans le poëme du scribe *Pentaour*, traduit par notre éminent égyptologue, M. le vicomte de Rougé, et désormais célèbre dans la science, nous trouvons une mention précise et formelle du lion qui accompagnait *Ramsès II* dans les combats. On sait que cette épopée, dont on possède trois copies, dans le papyrus Sallier et sur les murailles de Karnak et de Louqsor, est destinée à conserver la mémoire de l'exploit dont le Sétostris des Grecs se vantait le plus, du brillant coup de tête de jeunesse par lequel il avait dispersé presque seul, au début de son règne, une embuscade des Héthéens sous les murs de Qadesch, dans la vallée de l'Oronte. C'est cet exploit que retracent les grandes scènes guerrières d'Ibsamboul, de Karnak et de Louqsor. Il était certainement figuré au Ramesséion, et différents traits indiqués par Diodore s'appliquent d'une manière toute spéciale aux bas-reliefs qui s'y rapportent. Or, voici ce qu'on lit dans le poëme : « Le » grand lion qui marchait à côté de son char (du roi), combattait avec lui; » la fureur enflammait tous ses membres, et quiconque s'approchait tom- » bait renversé. » Il s'agit donc bien d'un véritable lion, et l'explication des » exégètes qui voyaient dans sa figure une représentation réelle, et non symbolique, était la vraie.

» Au reste, dans le temple souterrain d'Ibsamboul (Champollion, *Monuments de l'Égypte et de la Nubie*, t. I, *Pl. XVII bis* et *XXXI*) et sur un des polygones de Louqsor (Champollion, t. IV, *Pl. CCCXXVII*), les sculpteurs égyptiens ont représenté le camp de Ramsès dans cette même expédition. Et devant la tente du roi, nous y voyons son lion, couché et enchaîné, sous la surveillance d'un gardien armé d'une massue, car, tout dressé qu'il fût, on ne pouvait pas laisser sans le surveiller de près cet hôte dangereux de l'armée, dont la vanité du Pharaon aimait à se parer, et qui était comme le symbole vivant de sa puissance.

» *Ramsès II* n'est pas le seul monarque égyptien qui se soit fait accompagner à la guerre d'un lion dompté et dressé à combattre aux côtés de son char. Son successeur *Ramsès III*, non moins guerrier, avait la même habitude. Dans le bas-relief du palais de Médinet-Abou qui le représente partant pour une de ses expéditions (Champollion, t. III, *Pl. CCXVII*), il est monté sur son char et un lion marche auprès des chevaux.

» Sir Gardner Wilkinson (*Manners and customs of ancient Egyptians*, t. III, p. 16) a cru que les anciens Égyptiens dressaient le lion pour s'en servir à la chasse de la même façon que certains peuples du guépard. Il tirait cette conclusion de la peinture d'un tombeau de Béni-Hassan (XIIe dynastie), où l'on voit une lionne terrassant un *Ibex sinaiticus* au milieu d'autres animaux, tels que gazelles, tandis qu'un chasseur s'avance l'arc et la flèche à la main. Mais nous ne pouvons admettre la manière de voir du savant anglais et tirer avec lui pareille conclusion d'un exemple isolé. Les artistes de l'antique Égypte, dans ces représentations de vénerie, se sont très-souvent plu à mettre en scène, combattant ou se jouant entre eux, les animaux que le chasseur va frapper de ses traits. Il n'y a rien à voir de plus dans la peinture à laquelle se réfère sir Gardner Wilkinson, et le lion n'y est certainement pas un auxiliaire du veneur, dressé à cet effet.

» Au reste, le lion ne se prêterait pas à une éducation de ce genre et aucun peuple n'est parvenu à la lui imposer. Quand on lit dans Élien (*De nat. anim.*, XVII, 26) que les Indiens avaient des lions, « non de la plus » grande taille, » *οὐχ οἱ μέγιστοι*, dressés à les servir à la chasse, il s'agit certainement d'un récit sur l'emploi des guépards, altéré en passant de bouche en bouche. Il en est de même quand plus tard, au moyen âge, Marco Polo (Chap. 90) nous entretient des « lyons et lupars » dont le fondateur de la dynastie mongole en Chine se servait dans ses chasses. On ne saurait en effet se méprendre sur l'animal dont il a voulu parler sous ce nom inexact, lorsqu'il dit que les chasseurs portaient ses prétendus lions sur la croupe de leurs chevaux et lorsqu'il les décrit par ces expressions caractéristiques : « ils sont tuit vergié de noir et de vermeil et de blanc. »

» Je ne terminerai pas cette série d'études pour lesquelles j'ai trop abusé de la bienveillante attention de l'Académie, sans combler une lacune de ma première Note en signalant encore deux variétés de chien de plus, représentés sur les monuments égyptiens, mais qui paraissent avoir été bien peu répandues, puisque de l'une et de l'autre on ne connait jusqu'à présent qu'une seule figure.

» Ce sont :

» 1° Un chien-renard dont les formes sont exactement celles de la variété la plus habituelle, du chien des bazars du Caire, mais dont la robe est indiquée comme fauve avec de grandes taches d'un brun rouge; il a été figuré sous la XIIe dynastie dans un des tombeaux de Béni-Hassan (Champollion, t. IV, *Pl. CCCCXXVI*);

» 2° Un grand mâtin de haute taille; Champollion (tome IV, *Pl. CCCCXXVIII*) l'a fait dessiner dans un tombeau de Gournah (XVIIIe dynastie), mais sans aucune indication sur la couleur de sa robe. »

(28 novembre 1870.)

GAUTHIER-VILLARS, IMPRIMEUR-LIBRAIRE DES COMPTES RENDUS DES SÉANCES DE L'ACADÉMIE DES SCIENCES.
Paris. — Rue de Seine-Saint-Germain, 10, près l'Institut.

Sur l'histoire du chat domestique dans l'antiquité.

« J'ai dit dans une précédente Note que l'Égypte a été le berceau du chat comme animal domestique. C'est aussi l'opinion de Link (*Urwelt*, t. I, p. 393), qui pense même qu'il n'a été introduit qu'au moyen âge en Europe et dans une grande partie de l'Asie. Je crois que sur ce dernier point il y a lieu de modifier le dire du naturaliste allemand, et que ma propre proposition, vraie en ce qui touche les civilisations du bassin de la Méditerranée, doit être aussi rectifiée, en ce que le chat paraît avoir été reçu tout domestiqué par les Égyptiens d'autres populations africaines à une époque que l'on peut déterminer. Au reste, l'exposé des faits relatifs à l'histoire du chat domestique dans l'antiquité me semble prêter à quelques remarques intéressantes.

» Si le chat, à partir d'une certaine date, a joué un grand rôle en Égypte, sa domestication est loin de remonter aussi haut que la civilisation égyptienne elle-même. On ne trouve aucune trace de cet animal dans toute la durée de l'Ancien Empire, où pourtant les représentations familières sont si multipliées et où les sculptures des tombes nous offrent le tableau complet de la faune domestique du pays pendant cet âge si reculé. Il est même à remarquer que dans les monuments des dynasties primitives la déesse *Bast*, qui plus tard est une déesse-chatte, est alors toujours et exclusivement une déesse-lionne. C'est seulement sous la XIIe dynastie, avec les conquêtes dans le pays de *Kousch*, que le chat commence à se montrer. Les plus anciens monuments où il figure sont les tombeaux de Béni-Hassan. Il apparaît alors en même temps que le chien de Dongolah et tout paraît indiquer qu'on doit le regarder également comme un animal importé sous les *Osortasen* et les *Amenemhé*, ou bien un peu avant sous les *Entef*, des pays situés sur le cours supérieur du Nil, où les indigènes l'avaient déjà réduit en domesticité.

L.

Mais aussitôt introduit en Égypte il s'y multiplia de la façon la plus rapide, y devint d'un usage général et y fut revêtu d'un caractère sacré.

« Au reste, le chat de l'antique Égypte, tel que nous le connaissons par les représentations des monuments et par ses momies, diffère spécifiquement de notre chat le plus communément répandu, du chat de gouttières. Si ce dernier descend certainement du chat sauvage de nos forêts (*Felis catus*, L.), Rüppel a établi avec non moins de certitude que la souche originaire du chat domestique des anciens Égyptiens était son *Felis maniculata*, espèce qui se rencontre encore à l'état sauvage dans la Haute-Nubie, ou Soudan égyptien. Il est vrai que certaines de nos variétés de chats, entre autres le chat d'Espagne, dont l'origine se rattache dans la Péninsule aux invasions arabes, paraissent provenir d'une hybridation des deux espèces que nous venons de distinguer. Il y a donc eu dans les contrées occidentales de l'Europe à la fois introduction de l'ancien chat égyptien et domestication du *Felis catus*, qui, à l'état sauvage, est indigène de nos forêts, que les habitants des cités lacustres de la Suisse à l'âge de pierre y chassaient déjà et mangeaient comme gibier. De là dérive, comme conséquence forcée, si l'on parvient à établir la récente apparition du chat en tant qu'animal domestique en Europe, que l'introduction de l'espèce étrangère a dû avoir lieu d'abord, et que l'espèce indigène n'a commencé à être ensuite domestiquée qu'à son exemple.

« Remarquons d'abord que si la domesticité du chat est plus antique en Égypte que chez aucun peuple du bassin méditerranéen et de l'Asie antérieure, cet animal ne s'introduisit que tardivement, même chez les populations sémitiques les plus voisines. Il n'en est pas fait une seule fois mention dans la Bible, et l'on ignore s'il a jamais eu un nom en hébreu. Les Assyriens et les Babyloniens n'ont point connu le chat, et dans leur nomenclature idéographique et scientifique, qui admettait un nom générique fixe et un nom spécifique variable comme la nomenclature linnéenne (indice d'un esprit de méthode bien rare chez les peuples antiques), ils rapportaient le lion et la panthère, comme les autres carnassiers, au genre des chiens, faute d'un point de comparaison plus rapproché dans leurs animaux domestiques. Et quand le chat réduit en domesticité commença à se répandre chez les Sémites, ce fut le chat d'Égypte. Aussi l'écrivain arabe Kazwini (cité par Bochart, *Hierozoïcon*, liv. III, ch. XIV) distingue-t-il encore comme deux animaux tout à fait différents ce chat domestique et le chat sauvage de l'Asie occidentale, qui est le même que le nôtre.

« Le chat, si fréquemment représenté sur les monuments égyptiens, est, au contraire, totalement absent des monuments grecs ou romains; je n'en connais pas une seule figure dans les œuvres de l'art classique. Et n'osant pas m'en fier exclusivement sur ce point à mes propres observations, j'ai consulté M. de Longpérier, dont la haute expérience et la vaste érudition en matière d'antiquité figurée font justement autorité dans la science; il m'a répondu avoir fait la même remarque et n'avoir jamais rencontré aucune image de chat, grecque ou romaine, si ce n'est une fois, comme type accessoire sur une monnaie de Tarente. Mais ces médailles offrent, à la même place, la figure de tant d'objets différents, empruntés à la faune sauvage de la contrée, qu'on ne peut en tirer aucune induction formelle sur l'existence du chat domestique dans l'Italie méridionale à l'époque où fut frappée la pièce de Tarente, un peu avant les guerres de Pyrrhus. On peut penser que c'est le chat sauvage que le graveur monétaire a voulu y représenter. Fabretti, dans son recueil d'inscriptions (p. 187, n° 423), cite aussi une pierre funéraire de Rome où il dit avoir vu sculptée la figure d' « un chat marchant », par allusion au nom de la défunte *Calpurnia Felicula*. Le monument ayant depuis longtemps disparu, on ne peut savoir si l'animal y était caractérisé avec quelque certitude; et d'ailleurs l'inscription n'est pas antérieure au IIe ou au IIIe siècle de notre ère, époque où nous allons voir que le chat domestique commençait à être répandu dans le monde romain. Orelli a déjà remarqué que le nom propre féminin *Felicula*, « petite chatte », ne commençait à paraître qu'à une époque assez basse.

» Ce qui est bien positif, c'est que, pour les Grecs de la belle époque, le chat, αἴλουρος, n'est dans leur pays qu'un animal sauvage habitant les forêts (Aristote, *Hist. anim.*, V, 2, 3); ils ne le connaissent à l'état domestique qu'en Égypte, où Hérodote signale son caractère sacré. C'était la belette ou plutôt la fouine, γαλῆ, que les Grecs élevaient dans leurs maisons pour détruire les rats, et qui y demeurait toujours dans un état plus qu'à demi-indépendant. Les témoignages des écrivains helléniques, depuis l'auteur de la *Batrachomyomachie*, sont unanimes à cet égard, et il suffit de renvoyer à ce qu'en a dit Dureau de la Malle dans les *Annales des sciences naturelles* de juin 1829. Ce sont seulement les écrivains byzantins du moyen âge, comme Moschopoulos, qui, après que le chat eut complétement supplanté la belette dans le rôle de protecteur des maisons contre les rats et les souris, appliquèrent au chat le nom de γαλῆ; dans toute l'époque antique il n'y a pas de doute possible sur le sens réel de ce mot.

» Chez les Romains aussi, jusqu'à la fin du Ier siècle de notre ère, c'est la *mustela*, identique à la γαλῆ des Grecs, que l'on voit élevée dans les habitations pour le même objet, comme le prouvent les témoignages de Plaute (*Stich.*, act. III, sc. 2, v. 43) et de Pline (*Hist. nat.*, XXIX, 4, 16). Le mot *feles* ou *felis* a d'abord désigné cet animal. Varron (*De re rust.*, III, 11) ne lui donne pas d'autre sens, et Columelle (VIII, 14) et Phèdre (II, fab. 4) emploient ce mot également pour désigner la belette ou la fouine. Mais ensuite, et dès la fin de la République, il fut appliqué au chat, que les Romains commençaient alors à connaître, par suite de l'analogie de l'emploi qu'on en faisait. Cicéron (*Tusculan.*, V, 27) se sert du mot *felis* en parlant des chats divinisés de l'Égypte. Chez Pline, *felis* désigne aussi le chat; mais il ne mentionne cet animal que parmi les espèces sauvages (*Hist. nat.*, X, 73, 94; XI, 37, 65), bien qu'il ait eu l'occasion de le voir déjà chassant les rats dans les maisons et qu'il décrive très-exactement sa manière de procéder en pareil cas. A la même époque Babrius (*Fab.* 17 et 121) fait intervenir le chat domestique dans ses fables, où la critique a déjà reconnu de nombreux indices d'origine syrienne. C'est seulement au IVe siècle après J. C. que le chat paraît devenir d'un usage général et habituel dans le monde romain comme animal domestique, en même temps que se montre le véritable nom qui a toujours désigné spécialement et exclusivement cette espèce, *catus*. On le rencontre pour la première fois chez l'agronome Palladius (IV, 9) et dans une épigramme de l'Anthologie latine (V, 162).

» Le savant M. Pictet (*Les origines indo-européennes*, t. I, p. 381) a établi avec son érudition et son autorité habituelles que les noms du chat dans toutes les langues européennes n'appartiennent pas au vieux fonds du langage aryen, qu'ils sont de date récente et qu'ils tirent tous leur origine du latin *catus*, passé aussi sous la forme κάτος dans le grec byzantin. C'est donc par les Romains que le chat domestique fut répandu en Occident, quand eux-mêmes l'eurent adopté à l'époque où les usages orientaux s'implantaient de plus en plus dans l'Empire. Mais l'éminent philologue a été encore plus loin et a fait voir que le mot *catus* portait en lui-même le certificat d'origine de la contrée d'où les Romains avaient alors tiré l'emploi du chat à l'état de domesticité, comme tant d'autres habitudes syriennes. *Catus* dérive en effet du syriaque *katô*, arabe *kithth*.

» Mais le mot *katô* est lui-même en syriaque un mot tiré d'une source étrangère, qui ne se rattache pas à une racine sémitique. Ici encore M. Pictet, en reconstituant l'histoire du mot, donne un précieux fil conducteur pour suivre la transmission de l'animal de peuple en peuple. Il prouve en effet qu'il provient primitivement des langues africaines et dérive du type qui a produit l'affadeh (du Bornou) *gáda*, le nouba *kadiska*, et le barabra *kadiska*.

» On doit remarquer ici que l'égyptien semble former une interruption dans cette chaîne de transmission de noms. Car les mots qui désignent le chat dans l'idiome antique, *mau*, et dans le copte, *schau*, n'ont aucune parenté avec ceux que nous venons de citer. Mais en voyant que c'est avec les langues des populations au sud de l'Égypte qu'est apparenté le nom arabe du chat, déjà universellement répandu dans la Péninsule avant l'islamisme, n'est-on pas induit à supposer que le nom et l'animal durent s'introduire à la fois chez les Arabes par les contrées méridionales, par le Yémen, dont les relations ont toujours été si intimes et si fréquentes avec la côte africaine voisine? Le chat domestique, que les Sémites des temps bibliques n'avaient pas emprunté à l'Égypte, aurait été ainsi porté plus tard des pays du Haut-Nil et de l'Abyssinie en Arabie, et de là en Syrie, d'où il passa ensuite à Rome et dans l'Europe occidentale.

» L'existence du chat comme animal domestique est fort ancienne dans l'Inde. Cependant il n'était connu ni des Aryas primitifs de la Bactriane, ni même de ceux de l'âge védique, et par conséquent il doit provenir dans l'Inde d'une importation extérieure. Aussi ses noms sont-ils des composés purement sanscrits, dont le sens ne peut faire l'objet d'un doute, comme *mandirapaçu*, « l'animal de la maison », *çalavrka*, « le loup de maison », *akhubug'*, « le mangeur de rats », *muschakârati*, « l'ennemi de la souris ». Un seul de ces noms, celui de *virâla* ou *vilâla*, semblerait au premier abord offrir une certaine parenté avec le grec *αἴλουρος*, que l'on pourrait supposer avoir été primitivement *Fαίλουρος*. Mais cette ressemblance est purement fortuite, car *αἴλουρος* est un composé tout grec pour *αἰόλουρος*, « l'animal qui dresse sa queue en panache ».

» Cependant, si le chat domestique fut certainement inconnu des Aryas primitifs, il ne put pas en être de même du chat sauvage. Le nom par lequel ils le désignaient paraît être celui qui a laissé ses traces dans un grand nombre de langues de la famille, s'appliquant le plus souvent à l'animal sauvage, mais quelquefois aussi à l'animal domestique. C'est le persan *puschak*, afghan *pischik*, kurde *psiq*, lithuanien *puijé*, irlandais *pus* et *feisag*, ersa *pusag* et *piseag*, d'où l'anglais *puss*. Ce nom a passé en turc sous la forme *pischik*. Ainsi que l'a remarqué M. Pictet, il semble dérivé de la racine qui est en sanscrit *putchha*, *pitchha*, « queue », et par conséquent avoir été emprunté à la même particularité de la démarche de l'animal que le grec *αἴλουρος*.

« J'ai peut-être un peu trop insisté sur ces derniers détails, mais ils m'ont paru avoir quelque intérêt en fournissant un exemple de plus des lumières précieuses que la zoologie peut demander à la philologie comparative pour l'histoire des espèces domestiques et leur transmission parmi les anciens peuples. »

(21 novembre 1870.)

GAUTHIER-VILLARS, IMPRIMEUR-LIBRAIRE DES COMPTES RENDUS DES SÉANCES DE L'ACADÉMIE DES SCIENCES.
Paris. — Rue de Seine-Saint-Germain, 10, près l'Institut.

Sur

l'introduction et la domesticité du porc chez les anciens Égyptiens.

« L'histoire des animaux domestiques est un sujet particulièrement intéressant, mais il présente encore de très-grandes obscurités. La zoologie n'est pas, croyons-nous, complétement en mesure de résoudre à elle seule tous ces difficiles problèmes par l'étude des races actuellement subsistantes. Il lui est nécessaire de remonter dans le passé, en appelant à son aide les secours, jusqu'à présent un peu trop négligés par elle, que peuvent lui fournir les sciences de l'érudition, principalement l'archéologie des monuments figurés et la philologie comparative, l'une recueillant les images, souvent très-précieuses, des espèces domestiques élevées chez les divers peuples civilisés du monde antique, l'autre permettant de suivre dans bien des cas, à l'aide de la filiation des noms, la transmission de ces espèces de peuple en peuple et de remonter ainsi très-près du berceau premier de leur domestication.

» Dans cette série d'études sur les animaux domestiques de l'ancienne Égypte, que l'Académie a daigné accueillir avec tant de bienveillance, nous n'avons pas la prétention d'apporter la solution de questions que les maîtres de la science ont laissées indécises. Notre seule ambition est de fournir aux études des naturalistes un certain nombre de faits précis, empruntés à l'archéologie et à la philologie, qui puissent servir d'éléments dans des recherches ultérieures. Ces faits, croyons-nous, ne leur seront pas sans quelque utilité, et nous nous regarderions comme amplement récompensé de nos investigations patientes si elles pouvaient indiquer aux zoolo-

L.

gistes quelques filons à suivre dans l'ordre de sujet auquel elles se rapportent.

Ainsi, en groupant aujourd'hui dans une nouvelle Note les principaux faits que nous avons pu recueillir sur l'histoire du porc dans l'antiquité égyptienne, nous ne prétendons pas examiner et encore moins décider les questions graves qui se soulèvent au sujet de cet animal et divisent les savants; ni celle de savoir si notre cochon domestique dérive, comme on le pense le plus généralement, du sanglier de nos forêts, ou bien, comme le prétend Link (*Urwelt*, t. I, p. 387), d'une espèce sauvage particulière que l'on rencontre en Perse; ni celle de savoir si pour cet animal, comme pour plusieurs autres, diverses espèces sauvages distinctes n'ont pas été réduites en domesticité dans des pays différents, donnant ainsi naissance aux principaux types des variétés domestiques, si, par exemple, notre cochon commun et le cochon de Siam n'étaient pas à l'origine spécifiquement différents. Notre but est plus restreint et plus modeste : il s'agit seulement de suivre l'histoire et le rôle de l'animal dans une des plus importantes civilisations des âges antiques, et de déterminer autant que possible l'époque où il fut introduit, ainsi que la région d'où il venait.

Le porc n'est pas en effet un des animaux domestiques de la civilisation primitive de l'Égypte. On ne le trouve jamais mentionné dans les textes ni de l'Ancien ni du Moyen Empire, et sa figure est aussi totalement absente des monuments de ces deux grandes périodes de la culture égyptienne, où les représentations de la vie quotidienne tracées sur les parois des tombeaux nous font passer en revue toutes les espèces élevées alors dans la vallée du Nil. Et non-seulement les scènes agricoles représentées par les artistes de ces deux époques ne montrent jamais le cochon domestique, ce qui donne le droit d'affirmer qu'il n'était point alors connu en Égypte, mais, circonstance plus extraordinaire, le sanglier lui-même ne figure jamais dans les scènes de chasse où tant d'autres animaux tombent sous les flèches du veneur et sont poursuivis par ses chiens. Cependant il est difficile de douter qu'il dût être dès lors abondant au milieu des marais de la Basse-Égypte, comme il l'est encore aujourd'hui, où beaucoup de fellahs musulmans se nourrissent de sa chair, en dépit des préceptes du Coran. Mais cette absence du sanglier dans les représentations de vénerie des anciens Égyptiens, qui se continue à toutes les époques dont nous possédons des monuments, s'explique par l'idée d'impureté absolue que la religion égyptienne attachait au porc sauvage et domestique, idée qui empêchait de le considérer comme gibier de chasse et de le manger. Il est donc probable que si les paysans de la Basse-Égypte devaient tuer le sanglier comme une bête malfaisante pour défendre leurs champs de ses ravages, on ne lui faisait pas de chasse régulière, et qu'il n'était pas conforme aux usages de se vanter d'avoir percé de ses traits cet animal impur.

« La notion d'impureté attachée par le sacerdoce de l'Égypte au porc, soit sauvage, soit domestique, est signalée par Hérodote (II, 47), dont les monuments confirment pleinement le témoignage; c'est là qu'elle a été puisée par Moïse comme tant d'autres prescriptions rituelles de sa loi, bien que l'esprit de la religion nouvelle qu'il instituait fût diamétralement opposé à l'esprit de la religion de l'Égypte. Dans la théorie pharaonique le porc était un des animaux consacrés à Set ou Typhon, l'antagoniste d'Osiris, la personnification la plus puissante du principe mauvais, ténébreux et infernal. Le *Rituel funéraire* donne fréquemment l'épithète injurieuse de « porc » aux monstres typhoniens que le défunt rencontre sur sa route dans l'autre monde et qu'il doit combattre avant de parvenir à la béatitude finale.

« Le rôle symbolique de cet animal est alors identique à celui de l'hippopotame, emblème d'un emploi plus ancien avec lequel il s'échange fréquemment. La *Grande dévorante de l'Enfer*, un des principaux génies du monde ténébreux, chargée de châtier les âmes coupables, est représentée le plus souvent sous la figure d'un hippopotame femelle ou bien avec une tête d'hippopotame sur un corps de lionne; mais dans quelques-unes des tombes royales de la XXe dynastie à Biban-el-Molouk (Champollion, *Monuments de l'Égypte et de la Nubie*, t. III, *Pl. CCLXXII*), et sur certains sarcophages de la XXVIe dynastie, comme celui de *T'aho*, au Musée du Louvre (De Rougé, *Catalogue des monuments égyptiens du Louvre*, D-1), elle est figurée sous les traits d'une truie que des génies en forme de singes cynocéphales chassent loin de l'âme juste qui passe au tribunal d'Osiris. C'est probablement cette *Grande dévorante de l'Enfer* que représentent les images d'une truie en terre émaillée ou en autres matières que l'on trouve parmi les amulettes suspendues au cou des momies d'une certaine époque.

« Dans les bas-reliefs si curieux du temple d'Edfou (époque des Ptolémées) relatifs au mythe d'Horus, que M. Édouard Naville a récemment publiés (*Textes relatifs au mythe d'Horus recueillis dans le temple d'Edfou*, Genève, 1870, in-fol.), l'artiste, guidé par les indications sacerdotales, a retracé en plusieurs tableaux la vengeance que le fils d'Osiris tire du meurtre de son père en tuant à son tour Set ou Typhon, transformé « en un hippopotame rouge. » Dans les derniers tableaux la figure d'un porc se substitue à celle de l'hippopotame, pour représenter le dieu malfaisant. Et quand on en vient aux prescriptions rituelles du sacrifice qui se célébrait dans le temple pour commémorer et symboliser la victoire d'Horus, il est ordonné de faire « un cochon en pâte » et de le découper en morceaux comme fut découpé le corps de Typhon. C'est là bien évidemment le sacrifice dont parle Hérodote (II, 47) : « Les Égyptiens sacrifient un porc à la Lune et à » Dionysus (Isis et Osiris), une fois dans l'année, dans une pleine lune.... » Après en avoir brûlé la queue, la rate et la graisse du ventre, ils mangent » alors la chair de l'animal, mais le reste de l'année elle est absolument » interdite. Les pauvres font, à la place, des cochons de pâte qu'ils dé» coupent après les avoir fait cuire. » Et ce qui achève de démontrer l'identité des deux cérémonies, c'est qu'Hérodote place la sienne à la pleine lune et qu'un précieux passage d'Eusèbe (*Præpar. evang.*, III, 12) assigne au mythe de la lutte d'Horus contre Typhon, transformé en hippopotame, le caractère de personnification d'un phénomène lunaire.

» L'idée d'impureté que la religion attachait ainsi au porc chez les anciens Égyptiens explique pourquoi cet animal ne fut pas réduit en domesticité ni élevé par eux pendant toute la durée des âges primitifs, où leur civilisation avait son caractère le plus original et le plus à part, sans aucune des influences étrangères qui commencèrent à agir au temps des conquêtes asiatiques de la XVIIIe et de la XIXe dynastie; pourquoi aussi le sanglier, indigène dans une portion de leur pays, ne fut jamais considéré par eux comme un gibier noble, représenté sur les monuments. Nous avons peut-être trop insisté sur cette question, qui n'intéresse que bien peu la zoologie, appartenant plutôt au domaine de l'archéologie pure. Il nous a paru cependant assez curieux de montrer l'origine de la prescription relative à l'impureté de la viande de porc, qui, adoptée dans la loi mosaïque, a passé de là dans l'islamisme, lequel la maintient encore en vigueur chez un grand nombre de peuples. »

(12 décembre 1870.)

GAUTHIER-VILLARS, IMPRIMEUR-LIBRAIRE DES COMPTES RENDUS DES SÉANCES DE L'ACADÉMIE DES SCIENCES
Paris. — Rue de Seine-Saint-Germain, 10, près l'Institut.

Deuxième Note.

« Malgré l'idée d'impureté religieuse qui empêcha pendant toutes les époques primitives de leur civilisation les Égyptiens de réduire par eux-mêmes en domesticité le sanglier de leur pays ou d'emprunter aux peuples voisins le cochon domestique, ce dernier animal finit par être introduit en Égypte. Mais les indices de sa présence sur les bords du Nil ne remontent pas plus haut que la XVIIIe dynastie. C'est à dater de ce moment que nous voyons quelquefois apparaître des troupeaux de porcs dans les scènes agricoles peintes sur les parois des tombeaux de Gournah. Des figures symboliques de truie en terre émaillée ou en autres matières dont nous parlions dans notre précédente Note, aucune n'est plus ancienne que la XVIIIe ou la XIXe dynastie, et la plupart datent d'époque plus basse, de l'âge des rois Saïtes (VIIe siècle av. J.-C.). C'est aussi vers le temps des *Ramsès* que les documents astronomiques commencent à parler d'une constellation de la Truie.

« Le cochon domestique de l'Égypte, tel qu'il se montre alors et que la race n'en varie pas jusqu'aux temps romains, a des oreilles petites et droites qui sembleraient au premier abord le rapprocher du cochon de Siam plus que de nos cochons vulgaires aux oreilles tombantes. Cette particularité est, du reste, commune à la plupart des races de cochon de l'antiquité, à celle que les monuments de l'art grec représentent fréquemment comme l'animal sacré de Déméter et à celle qui est le plus souvent figurée dans les œuvres de l'art romain, bien que dans ces dernières on voie aussi quelquefois un porc à oreilles légèrement tombantes. Mais, en revanche, le cochon égyptien a la queue tortillée de nos races communes. Son groin est fortement allongé, son corps arrondi. On le représente comme ayant le dos garni de soies rudes et dressées, et comme étant assez haut sur pattes. A côté de cette variété, qui est la plus généralement répandue, les tombeaux de Gournah laissent aussi, mais rarement, voir des troupeaux d'une autre race, beaucoup moins modifiée par la domesticité, très-voisine du sanglier par ses formes et en conservant encore les défenses; les troupeaux de porcs de cette dernière variété sont conduits par leurs pasteurs, et il n'y a pas moyen de croire que les artistes pharaoniques, en les dessinant, aient eu l'intention de retracer un animal sauvage. Au reste, les types des deux races ont été très-bien donnés par sir Gardner Wilkinson (*Manners and customs of ancient Egyptians*, 3e édition, t. III, p. 34).

• D'après la date où la figure commence à se montrer sur les monuments de l'Égypte, le porc doit être classé, comme le cheval, au nombre des nouveaux animaux domestiques qui furent introduits de l'Asie dans ce pays avec l'invasion des Pasteurs, et qui se naturalisèrent sur les rives du Nil pendant la domination des étrangers venus par le désert de Syrie. Les tombeaux de Gournah prouvent qu'à partir de la XVIIIe dynastie, les grands propriétaires égyptiens en élevaient des troupeaux sur leurs terres. Mais ce n'était évidemment pas à l'usage de la population de race proprement égyptienne, puisqu'il lui était interdit par la religion de manger de la viande de porc autrement que dans le sacrifice dont nous avons parlé dans notre Note précédente et que tout Égyptien à qui il était arrivé de toucher seulement un cochon par hasard était obligé de se soumettre à de minutieuses purifications (Hérodote, II, 47). C'était, suivant toute apparence, pour l'usage et la nourriture des tribus de races étrangères qui étaient restées en grand nombre du temps de l'invasion sur le sol de la Basse-Égypte, qui y vivaient dans une condition de colonat bien voisine du servage et que pendant plusieurs siècles la politique des Pharaons tendit à augmenter au moyen des prisonniers qu'ils ramenaient de leurs conquêtes en Asie. Au reste, quand Hérodote (II, 47) décrit les porchers comme formant en Égypte, de son temps, c'est-à-dire sous la domination des Perses, une caste séparée du reste de la population, se mariant entre elle et exclue des temples, il semble indiquer clairement que l'élève et la garde de l'animal impur par excellence constituaient une profession exercée par une de ces tribus étrangères.

• Et quand le même Hérodote (II, 14) raconte que l'on employait les porcs lâchés dans les champs d'où l'inondation venait à peine de se retirer à fouler le grain lancé à toute volée sur le limon humide et à l'enfouir ainsi, il signale une habitude exclusivement propre à la Basse Égypte, au delà de laquelle il n'avait pas été, et où habitaient les tribus non égyptiennes, sémitiques et libyques pour la plupart. Dans le reste du pays, ce sont les moutons que l'on employait au même usage, comme le dit très-exactement Diodore de Sicile (I, 36), qui était monté jusqu'à Thèbes, et comme le font voir fréquemment les représentations des tombeaux. (*Voy.* WILKINSON, *Manners and customs of ancient Egyptians*, 3e édition, t. IV, p. 38.)

« Au reste, l'origine étrangère du cochon domestique en Égypte et son apport de l'Asie à une date comparativement tardive, sont attestés par le nom le plus habituel de cet animal dans l'idiome égyptien antique.

» Deux mots désignent le porc dans cet idiome. L'un, *rer*, copte *rir*, est manifestement une simple onomatopée empruntée au grognement de l'animal et une onomatopée indigène, car d'autres peuples ont rendu ce grognement assez différemment. On sait que rien ne varie plus que la manière dont les populations de races diverses entendent et surtout rendent dans leur langage les cris des animaux, d'après lesquels leurs noms ont été souvent formés.

» L'autre nom du porc en égyptien, *schaau*, copte *eschô*, est beaucoup plus curieux, car il découle d'une source étrangère et se rattache avec certitude au groupe des noms les plus généralement répandus du cochon chez tous les peuples du rameau aryen.

» Grec *σῦς*, *ὗς*; latin *sus*;

» Ancien allemand *sû*; anglo-saxon *sug*; scandinave *syr*; allemand *sau*; anglais *sow*; suédois *so*;

» Irlandais *suig*; cymrique *hweh*; cornique *hoch*; d'où l'anglais *hog*;

» Persan *schûk*; arménien *choz*;

» Lithuanien *tchûka*; russe *tchuschka*;

» L'origine de tous ces noms, avec lesquels l'égyptien *schaau* se groupe d'une façon si curieuse, prouvant que les habitants de l'antique Égypte avaient reçu le cochon domestique de populations qui elles-mêmes le tenaient depuis peu des Aryens; leur origine, disons-nous, est établie par le type plus développé du sanscrit *çûkara*, « l'animal qui fait *çû*, qui grogne. » Ainsi que l'a remarqué M. Pictet (*Les origines indo-européennes*, t. I, p. 370), « toutes les autres langues aryennes ne présentent que l'onomatopée *sû* ou *çû*, avec ou sans suffixe, et en faisant alterner la sibilante et les gutturales. »

» Un fait qui ne manque pas d'intérêt, c'est que dans une direction géographique tout à fait opposée les noms du porc dans les principaux idiomes de la grande famille touranienne dérivent également tous du même type aryen: finnois *sika*; esthonien *sigga*; tchérémine *süsna*; baschkir *suska*; téléoute *schoschka*; kirghis *tchutchka*; tchouvache *sysna*; samoïède *soia*. Ici encore la philologie comparative, qu'on a si bien appelée « l'algèbre des sciences historiques », nous met sur la voie d'une conclusion importante pour l'histoire naturelle.

» En effet elle prouve que le cochon a été communiqué par les descendants des Aryas à la plupart des peuples de l'Asie dans les directions les plus opposées. D'un autre côté, elle prouve également qu'il a été un des animaux domestiques que les Aryas ont possédé le plus anciennement avant la séparation de leurs tribus, quand ils habitaient encore leur berceau commun sur les bords de l'Oxus; pour ce dernier point nous n'avons qu'à renvoyer à la démonstration qu'en a donnée M. Pictet (*Les origines indo-européennes*, t. I, p. 369-375). Mais en groupant ces deux faits, il est difficile de ne pas en conclure que c'est à la race aryenne, pendant son premier état pastoral, qu'est due la domestication du porc, et ceci serait un puissant argument en faveur de l'opinion de Link (*Urwelt*, t. I, p. 387) sur le point de départ de cet animal et son origine spécifique.

» Remarquons seulement que si ce sont les Aryas qui ont probablement domestiqué le cochon, cet animal a été introduit de très-bonne heure chez les Sémites. Les prohibitions mêmes de la loi mosaïque prouvent qu'il était abondamment répandu parmi les populations qui environnaient les Hébreux. Les Assyriens et les Babyloniens le connaissaient à l'époque pour laquelle nous possédons leurs monuments, époque, il est vrai, postérieure de bien des siècles à celle de l'Ancien Empire égyptien. Le nom le plus généralement répandu pour le porc dans les langues sémitiques est indigène et significatif. C'est l'hébreu *khazir*, arabe *khanzir*, de la racine *khazar*, « retourner »; il désigne par conséquent « l'animal qui retourne la terre avec son groin. »

» Mais en même temps l'arabe nous offre un autre nom, qui est manifestement d'origine aryenne. C'est *ifr*, dont on ne peut guère méconnaître la parenté avec κάπρος, le latin *aper*, l'ancien allemand *ebur*, *epur*, allemand *eber*, et l'anglo-saxon *eafor*. Tout ce groupe de mots se rattache au sanscrit *kampra*, « rapide, violent », épithète qui convenait particulièrement bien au sanglier, que désignent plutôt que l'animal domestique la plupart des appellations que nous venons d'énumérer. Ici encore la linguistique fournit un indice de transmission de l'espèce des Aryens à une partie au moins des Sémites. »

(26 décembre 1870.)

GAUTHIER-VILLARS, IMPRIMEUR-LIBRAIRE DES COMPTES RENDUS DES SÉANCES DE L'ACADÉMIE DES SCIENCES.
Paris. — Rue de Seine-Saint-Germain, 10, près l'Institut.

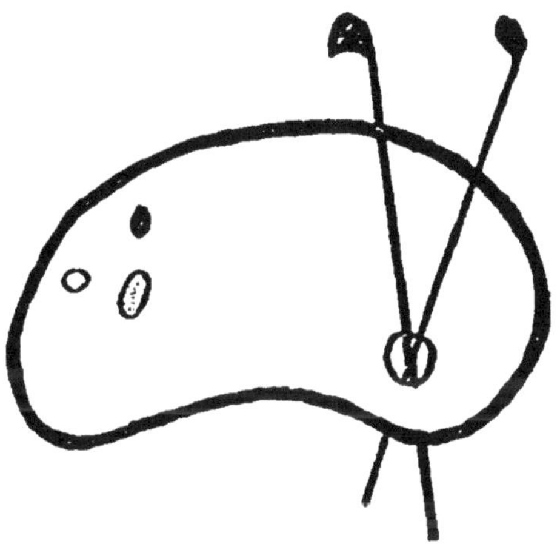

www.ingramcontent.com/pod-product-compliance
Ingram Content Group UK Ltd.
Pitfield, Milton Keynes, MK11 3LW, UK
UKHW021118230726
13926UKWH00002B/550

9 782014 442571